SOCIÉTÉ POUR LA DÉFENSE DU COMMERCE ET DE L'INDUSTRIE
DE MARSEILLE
FONDÉE EN 1869

LES
QUESTIONS ÉCONOMIQUES
A
L'ORDRE DU JOUR

CAUSERIE

Faite le 24 Novembre 1922, à la Société pour la Défense du Commerce et de l'Industrie de Marseille

PAR

M. HUBERT GIRAUD

Président de la Chambre de Commerce de Marseille
Député des Bouches-du-Rhône

MARSEILLE

TYPOGRAPHIE ET LITHOGRAPHIE BARLATIER
17-19, Rue Venture, 17-19

—

1922

448

SOCIÉTÉ POUR LA DÉFENSE DU COMMERCE ET DE L'INDUSTRIE
DE MARSEILLE
FONDÉE EN 1869

LES QUESTIONS ÉCONOMIQUES

A

L'ORDRE DU JOUR

CAUSERIE

Faite le 24 Novembre 1922, à la Société pour la Défense du Commerce et de l'Industrie de Marseille

PAR

M. HUBERT GIRAUD

Président de la Chambre de Commerce de Marseille

Député des Bouches-du-Rhône

MARSEILLE

TYPOGRAPHIE ET LITHOGRAPHIE BARLATIER

17-19, Rue Venture, 17-19

1922

448

SOCIÉTÉ POUR LA DÉFENSE DU COMMERCE ET DE L'INDUSTRIE
DE MARSEILLE

Le vendredi 24 novembre 1922, à 16 h. 30, devant un auditoire d'élite réuni dans la salle des Conférences de la Société pour la Défense du Commerce et de l'Industrie, M. Hubert Giraud, Président de la Chambre de Commerce de Marseille, Député des Bouches-du-Rhône, ancien Vice-Président de notre Société, a fait, sur « les Questions économiques à l'ordre du jour », la causerie ci-après reproduite.

Notre Président, M. Antoine Boude, a ouvert la séance par l'allocution suivante :

Allocution de M. le Président Antoine BOUDE

MESSIEURS,

Je serai certainement votre interprète à tous en disant à M. le Président Hubert Giraud combien nous sommes flattés et heureux de le voir au milieu de nous ce soir. Je tiens à remercier en même temps tout le Bureau de la Chambre de Commerce qui a bien voulu se joindre à son Président et notre Président d'Honneur, M. Adrien Artaud, qui a tenu à venir affirmer une fois de plus son attachement à notre Société.

Mon cher Président, nous avons le plaisir et la grande joie de saluer en vous une double personnalité : d'abord, le Président de notre Chambre de Commerce, que nous connaissons pour la façon magistrale dont il dirige cette Compagnie aussi bien que par ses interventions auprès des Assemblées de Chambres de Commerce, comme celle relative à la réouverture de relations commerciales entre la France et la Russie, initiative qui a été applaudie ici et consacrée au Congrès du Commerce Extérieur, et dont je tiens à le féliciter ; mais ensuite nous saluons en vous le Député qui fait partie de Commissions importantes, comme celles des Douanes et de la Marine Marchande — j'en oublie peut-être — et qui défend les intérêts du Commerce et de l'Industrie avec le plus grand dévoûment.

Votre causerie, mon cher Président, vient tout à fait à son

heure. Il y a longtemps que nous désirions vous avoir ici ; la multitude de vos travaux ne vous avait pas permis de nous donner cette satisfaction jusqu'à ce jour : nous vous sommes d'autant plus reconnaissants d'avoir bien voulu distraire au profit de la « Défense » quelques-uns de vos précieux instants.

Nous ne vous cacherons pas que, dans le Commerce et dans l'Industrié, nous sommes assez inquiets ; la situation financière de la France, et notamment le déficit du budget, n'est pas sans nous préoccuper ; nous craignons en effet d'être toujours les éternels sacrifiés sur l'autel du Patriotisme fiscal...

Aussi vous serons-nous très reconnaissants de vouloir bien nous donner ici, non seulement des directives et des éclaircissements précieux, mais aussi un peu de réconfort.

Messieurs, je m'empresse d'offrir la parole à M. le Président de la Chambre de Commerce, député Hubert Giraud. *(Applaudissements)*.

Causerie de M. Hubert GIRAUD

MON CHER PRÉSIDENT,

En me donnant, comme vous le faites aujourd'hui, l'occasion de rencontrer réunis les Représentants les plus qualifiés du Commerce et de l'Industrie de Marseille (et par représentants j'entends leurs chefs les plus distingués), vous me rendez un vrai service en même temps que vous me procurez une très réelle satisfaction.

Trop rares sont, en effet, ces occasions de contact entre vous, Messieurs, et celui que vous avez chargé, en collaboration avec mon collègue et ami Adrien Artaud, de vous servir d'interprète dans ce milieu lointain et pas très facilement accessible, où l'on parle une langue un peu à part, qu'on appelle le milieu parlementaire, et je considère comme une bonne fortune pour moi que la Société pour la Défense m'ait aujourd'hui permis de passer quelques instants avec vous.

LE MILIEU ET LE TRAVAIL PARLEMENTAIRES

Je vous disais, Messieurs, que le milieu parlementaire est comme un pays lointain où l'on parle une langue particulière. Je n'irai pas jusqu'à vous en dire ce que vous pouvez trouver décrit avec tant d'esprit dans la *République des Camarades,* de Robert de Jouvenel. C'est un livre que je voudrais voir publier en feuilleton et lu par le plus humble des lecteurs, parce que, dans sa forme rudement satirique, il donne du monde parlementaire une notion presque toujours vraie, et projette une lumière indiscrète, mais utile, sur la façon dont sont préparées les lois par les législateurs. Il est certain que le mécanisme législatif est un instrument qu'il faut connaître autrement que dans son organisation théorique, qu'il fonctionne souvent dans des conditions que le public ignore et qu'il est par conséquent indispensable, pour ceux dont les intérêts sont en jeu, commerçants, contribuables, etc..., d'avoir de temps à autre quelques clartés sur la marche de ce mécanisme de la part de ceux qui le voient de près et peuvent en surveiller les rouages.

Vous savez, Messieurs, que le travail parlementaire comprend, théoriquement, deux phases, les commissions et les discussions en séance publique. Mais il en est une troisième qui joue, en pratique, un rôle souvent prépondérant : ce sont les couloirs, ces couloirs où, abandonnant la salle de séances, véritable scène de théâtre, où chaque acteur se préoccupe de jouer son rôle de son mieux sous les yeux de ses électeurs, les députés redeviennent des hommes et causent librement. C'est dans les couloirs que les Ministères se créent ou se démolissent, que les intrigues se nouent, que les ambitions se donnent carrière et s'édifient des combinaisons. Mais c'est aussi dans les couloir qu'on peut rencontrer journellement des Collègues ou des Ministres, s'entretenir à son aise avec eux, et souvent obtenir pour certaines questions, soit les renseignements nécessaires, soit quelquefois même des solutions. On y fait donc de très utile besogne, besogne modeste, exempte de discours et d'effets oratoires, insoupçonnée du public, et dont les journaux ne parlent point, mais efficace et réalisatrice.

COMMENT SONT ELABOREES LES LOIS

Mais la besogne parlementaire proprement dite, l'étude et la préparation de la discussion des projets et des propositions de loi se fait, vous le savez, Messieurs, au sein des Commissions. Seulement, ce travail lui-même est loin de s'opérer comme vous pouvez l'imaginer. Il est fertile en surprises et en combinaisons imprévues. Les vieux parlementaires savent remarquablement manœuvrer, dans une Commission, de façon à aboutir au vote ou au rejet d'un projet ou de la modification d'un projet. Vous comprendrez combien ces manœuvres sont faciles, mais aussi délicates, si je vous dis que jamais une Commission n'est au complet, des 44 membres qui la composent réglementairement, et que le plus souvent les séances se tiennent en présence du tiers, du quart ou d'une proportion moindre encore des membres élus. On voit aisément combien ces conditions de travail mettent les décisions à la merci d'une entente facile à établir entre membres de la Commission, ou, dans d'autres circonstances, du hasard pur et simple, car quand on délibère à 8 ou 10, il suffit qu'un membre de la Commission sorte ou qu'un nouveau venu arrive, même sans intention arrêtée, pour voir ce qui se passe à la Commission, pour déplacer la majorité. Au mois de mars 1921, la grosse question de la liquidation de la flotte d'Etat a été votée, sur le rapport de M. Morinaud, un soir à 7 heures 30, par 7 voix contre 3.

LE REGIME DOUANIER FRANCO-MAROCAIN

Mais voici un exemple plus récent et plus intéressant pour Marseille, de ce qui peut se passer dans une Commission. Vous savez, Messieurs, que le régime douanier franco-marocain était à l'étude depuis plusieurs années. Au cours de la précédente législature, la Commission des Douanes avait chargé du rapport M. Barthe, député de l'Hérault, qui avait écrit à ce propos un gros volume où perçait la préoccupation dominante d'éviter que les vignobles du Maroc puissent se développer et venir un jour faire avec leurs produits concurrence aux vins du pays du rapporteur. Pour donner à cette pensée une base solide, M. Barthe développait une thèse générale qui consistait à dire que la production marocaine doit être orientée et poussée dans un sens tel qu'elle devienne le complément de la production française, et non sa concurrente. En d'autres termes il faut encourager au Maroc la production des denrées que la France ne produit pas ou qu'elle produit en quantités insuffisantes ; il faut, au contraire, décourager celle des denrées que la Métropole produit en quantités suffisantes ou surabondantes pour sa consommation. Cette thèse, vous le voyez, Messieurs, était très soutenable et reposait sur un principe juste. Dans l'application, elle se heurte bien à certaines difficultés. Il ne suffit pas de dire, en effet, que le Maroc ne devra pas produire ce que produit le sol français ou ne devra le produire et nous l'envoyer qu'en quantités limitées ; il faut aussi dire ce qu'il aura la faculté de produire librement et sans limites. Or, si on élimine le vin, si on limite les céréales, quelles sont donc les cultures auxquelles le Maroc pourra se livrer sans restriction ? Sans doute, M. Barthe peut énumérer à ce propos un nombre important de légumes et de graines diverses, tels que les fèves, les pois chiches, mais tout cela, dans l'ensemble, ne fait pas un tonnage bien considérable et ne suffit pas à repondre à l'idée colonisatrice qui veut que le Maroc mette en valeur ses territoires en friche, et tire parti des régions fertiles jusqu'ici inexploitées, que la nature lui a données. Et alors M. Barthe se lance dans une proposition qui fournirait la solution cherchée : il faut que le Maroc produise du coton ; la France manque de coton, elle l'achète très cher aux Anglais et aux Américains ; elle l'achètera au Maroc et tout sera pour le mieux. Tout serait, en effet, pour le mieux si le climat du Maroc se prêtait à cette culture très spéciale, très délicate, qui exige un régime de chaleurs, mais en même temps de pluies à certaines époques, qui ne peuvent malheureusement pas se rencontrer dans le protectorat. On fait des essais, mais ils ne paraissent pas avoir jusqu'ici donné de résultats concluants, et c'est, je n'ai pas besoin de vous le dire, grand dommage.

Messieurs, je m'excuse d'avoir aussi longuement exposé devant vous ce que renfermait le rapport de M. Barthe. Je l'ai fait pour vous montrer combien ce document affirmait nettement, dans toutes ses considérations, que les produits marocains ne devaient pas venir faire concurrence en France aux produits français. Mais une telle affirmation ne pouvait raisonnablement pas ne s'appliquer qu'aux produits du sol marocain, bien qu'ils fussent évidemment la partie principale des exportations marocaines vers la France. Logiquement, les mêmes précautions devaient être prises à l'égard de l'Industrie.

L'IMPORTATION EN FRANCHISE
DES PATES ALIMENTAIRES MAROCAINES

Or, quand, au commencement de l'année courante, la Commission des Douanes de la Législature actuelle fut saisie à son tour du projet de loi relatif au régime douanier franco-marocain, elle eut à examiner une protestation d'industriels français contre une disposition du projet de loi soumis à son examen. Dans son article 1er, le projet de loi énumère les produits marocains qui seront admis en France en franchise de droit de douane dans les limites de contingents, que le Gouvernement français doit fixer annuellement. Cette énumération comprenait les céréales et leurs dérivés. Par dérivés, il fallait entendre tout ce qui se fabrique avec les céréales, c'est-à-dire, en particulier, les farines, les semoules et les pâtes alimentaires. Or il est bien évident que les fabriques de pâtes alimentaires établies au Maroc et trouvant sur place les semoules, produit du blé dur marocain, profitant du bas prix de la main d'œuvre, des économies sur les impôts et sur le fret, allaient se trouver dans une situation qui leur permettrait de concurrencer victorieusement les fabriques françaises. Celles-ci demandaient donc que dans l'énumération figurant à l'article 1er du projet de loi, on fît disparaître, après le mot *céréales*, les mots *et leurs dérivés*. La Commission des Douanes se rendit sans difficulté aux observations des industriels métropolitains. en reconnut le bien-fondé, et son rapporteur fit sienne la lettre dans laquelle ils avaient développé les raisons qui justifiaient de leur protestation. C'est dans ces conditions que le projet de loi, dont le vote était d'ailleurs impatiemment attendu, allait être soumis à la ratification de la Chambre : tout le monde était d'accord, semblait-il.

Mais certains intérêts marocains, ceux des semouleries de Casablanca allaient se trouver gênés. Ces industries nouvellement créées, installées dans des conditions d'ampleur exagérées, souhaitaient vivement que le débouché de la clientèle française leur fut ouvert librement. Elles réclamèrent et l'Administration du Protectorat appuya et seconda leur réclamation. Et brusquement voici ce qui se produisit. Le 3 novembre, la Commission des Douanes était, à la demande des représentants du Résident Général, convoquée spécialement pour entendre les plaignants. La plupart des membres de la Commission étaient absents ou occupés, quatre seulement répondirent à la convocation : je n'étais pas du nombre, étant ce jour-là absolument obligé d'assister à la séance publique de la Chambre puisque j'y prenais la parole à propos des grèves maritimes, et que j'étais à la tribune à l'heure même où la Commission se réunissait. N'entendant qu'une cloche et qu'un son, les membres présents de la Commission furent facilement ralliés à la manière de voir qui leur était exposée : le rapporteur n'y faisait pas d'opposition, un peu gêné, sans doute, mais ne voulant pas d'autre part, contrecarrer les désirs nettement manifestés par le Résident Général. Et voilà comment, Messieurs, une Commission parlementaire qui, un jour, sur un point précis a pris une attitude déterminée et motivée, prend un autre jour sur le même point une attitude diamétralement opposée. Et tout cela, remarquez-le bien, est parfaitement régulier et très solide. On ne s'occupe pas de savoir comment ni pourquoi la Commission a émis son vote. Le seul fait qui subsiste et apparaisse quand on se présente en séance publique, c'est que la Commission a délibéré et manifesté son opinion. C'est en son nom, avec tout le poids et toute l'autorité que cette opinion aurait eus si elle résultait d'un vote unanime des 44 membres de la Commission, que le Président et le Rapporteur viennent ensuite à la Tribune soutenir devant la Chambre les conclusions du rapport. Inutile de vous dire combien cette intervention est importante, et combien elle doit, très naturellement, influer sur le vote des députés présents. Ceux-ci pour le plus grand nombre, il faut bien le dire, ne sont nullement au courant de ce qui constitue le fond du débat, n'ont sur ce débat aucune opinion personnelle quand la loi en discussion n'intéresse ni leurs amis, ni leurs électeurs et sont, par suite, naturellement disposés à admettre, les yeux fermés, les propositions de la Commission qui a étudié spécialement la question à l'ordre du jour. Je laisse complètement de côté le cas que je viens de vous citer comme exemple. J'ai heureusement réussi, dans cette circonstance, à parer le coup qui menaçait la Minoterie et la Semoulerie de notre ville. Mais c'est assez vous dire, et c'est ce que je voulais vous faire toucher du doigt, que la préparation des lois n'est malheureusement pas entourée des garanties que la constitution a voulu assurer aux citoyens français, que, dans la pratique, ce travail s'opère dans des conditions parfois tout à fait singulières, régulières dans la forme, mais faussant au fond complétement les principes sur lesquels a été édifié le système dont nous aurions le droit d'attendre des lois sérieusement et impartialement étudiées.

Si je vous ai donné ces explications un peu longues, ce n'est, Messieurs, ni pour vous décourager, car il est heureusement assez rare que les singularités que je viens de vous signaler aient des conséquences fâcheuses, ni, encore bien moins, pour me faire valoir, j'ai voulu simplement vous montrer que notre rôle est parfois difficile à remplir et que vos députés sont exposés à se trouver, par suite de circonstances tout à fait inattendues, dans l'impossibilité de défendre efficacement vos intérêts. Je vous demande de ne pas trop leur en vouloir.

SITUATION ACTUELLE
DES PRINCIPAUX TRAVAUX PARLEMENTAIRES
INTERESSANT LE COMMERCE

Messieurs, je voudrais maintenant vous exposer la situation actuelle des travaux parlementaires en ce qui concerne certains lois qui sont à l'étude et qui ont pour le Commerce une importance particulière.

LA SPECULATION ILLICITE

Auparavant, laissez-moi revenir très brièvement sur la façon dont a été votée la loi du 21 octobre dernier qui modifie la loi de 1916 sur la spéculation illicite. Le Gouvernement, vous le savez, n'avait pas voulu laisser tomber automatiquement cette loi qui venait à échéance le 23 octobre et il avait préparé un projet de loi qui lui aurait permis de continuer les poursuites en cours. La Commission de Législation Civile, surenchérissant, modifia la proposition de loi de telle sorte que de nouvelles instructions pussent aussi être entamées ce qui équivalait à la prorogation de la loi avec tous les inconvénients, et disons-le, toutes les injustices dont le Commerce a si gravement souffert depuis que cette loi a été promulguée. C'est dans des discussions de ce genre que se révèle, chez certains parlementaires, un sentiment regrettable s'il en fût, c'est :a crainte du soupçon. Quand on entend à la tribune un orateur véhément, comme M. Louis Marin, par exemple, tonner contre les spéculateurs qui se sont enrichis pendant que tant de Français versaient leur sang pour la Patrie, les consciences s'émeuvent et beaucoup de très graves députés sont dominés par le désir de permettre à la justice d'atteindre les coupables. Ils perdent entièrement de vue le fait que la loi, on l'a vu dans son application, a surtout atteint des commerçants qui avaient tout simplement acheté ou vendu au mieux de leurs intérêts sans chercher à spéculer le moins du monde. Mais beaucoup d'autres aussi, plus clairvoyants, ont une peur affreuse de paraître avoir voulu protéger des coupables en les soustrayant à des sanctions méritées et cette crainte de l'électeur pèse d'un poids déterminant sur leur vote.

Il a donc fallu se battre aux scrutins sur des lignes de défense successives. Nous avons d'abord tenté de faire repousser le passage à la discussion des articles : là nous avons échoué et je viens de vous dire pourquoi. Une seconde bataille s'est engagée sur l'amendement Guibal qui fermait la porte à de nouvelles poursuites : même échec et pour les mêmes causes. Enfin, on a voté sur un texte qui n'était que l'amendement de M. Puech, lequel tournait la difficulté en donnant une définition du délit telle que dans la plupart des cas, les opérations commerciales fussent à l'abri des sévérités légales. Cette formule habile rassurait les consciences et calmait les angoisses électorales : c'est elle qui a été approuvée et il faut espérer que nous n'aurons plus à protester contre une loi qui a fait beaucoup de petites victimes et, j'en ai peur, laissé impunis de très grands coupables.

LES LOIS FISCALES.
LA TAXE SUR LE CHIFFRE D'AFFAIRES.

Messieurs, de toutes les lois actuellement en cours de modification ou d'élaboration, celles qui touchent le plus vivement les intérêts du Commerce et qui ont la plus grande part dans ses préoccupations sont incontestablement les lois fiscales. La seule loi relative à la taxe sur le Chiffre d'Affaires a fait l'objet au sein de votre Compagnie, d'au moins 4 rapports, (j'en omets peut-être) parmi lesquels je rappelle ceux de M. Emile Régis lus aux séances de votre Chambre syndicale du 8 mars 1921 et du 7 mars 1922. Messieurs, cette loi sur le Chiffre d'Affaires, dont l'application donne lieu à de si fréquentes réclamations, souvent justifiées, est une loi qui n'aura pas seulement causé au Commerce de sérieux ennuis ; elle risque, en outre, ce qui est assez grave, de le faire accuser, dans les milieux parlementaires, d'inconséquence, d'inconsistance, de versatilité et d'autres défauts du même ordre, ce qui jette sur le monde des affaires un jour défavorable et très fâcheux. Ces accusations prennent, dans certains groupes qui les formulent volontiers, une tournure nettement politique : le Commerce, les Chambres de Commerce seraient inspirés par des sentiments de réaction et d'égoïsme, n'auraient qu'une pensée, se soustraire à l'impôt. Messieurs, nous ne sommes pas, au Par-

lement, assez nombreux défenseurs du Commerce et de l'Industrie pour pouvoir dédaigner ces tendances, et pour considérer qu'il est inutile de s'en inquiéter. Mon opinion est, au
contraire, qu'il est très important de protester contre ces
imputations et de les réfuter, non seulement par des paroles,
mais par des actes. C'est la raison qui me fait estimer tout à
fait inopportune la proposition de loi de M. Victor Constant
et d'un grand nombre de ses Collègues, modifiant le régime
fiscal et supprimant la taxe de luxe et l'impôt sur le chiffre
d'affaires qui a été déposée au mois de Juin dernier sur le
bureau de la Chambre. Remarquez, Messieurs, que je ne dis
pas du tout que cette proposition ne soit pas bonne en soi,
que son adoption ne constituerait pas un progrès sur ce qui
existe, c'est possible, c'est à examiner, je dis seulement qu'elle
ne vient pas à son heure et que le moment n'est pas arrivé
de toucher aussi profondément à des impôts établis. J'observerai, en outre, qu'une mesure aussi grave que la suppression
de l'impôt cédulaire, de la taxe de luxe, de l'impôt sur le
chiffre d'affaires eut mérité d'être traitée d'une façon moins
sommaire que dans les 3 pages qui constituent tout l'exposé
des motifs. Je n'y ai rien trouvé, en particulier, qui ait trait
au rendement probable du nouvel impôt proposé par M. V.
Constant et c'est cependant un côté singulièrement important
de la question, car il est inutile de vous dire que le budget
n'est pas dans une situation qui permet d'en retrancher
certaines recettes si l'on n'est pas assuré de pouvoir en ajouter
d'autres d'égale importance. Nous devons, nous, hommes habitués aux affaires commerciales et à la gestion de nos maisons,
apporter plus que d'autres, dans les conceptions d'ordre législatif, nos habitudes d'ordre et de bonne assiette des bilans. Nous
entendons que nos comptabilités se balancent, nous employons
toute notre activité et toute notre intelligence à atteindre des résultats montrant en recettes un chiffre supérieur aux dépenses.
Nous sommes, par conséquent, plus tenus que ne peuvent l'être
des avocats ou des médecins à avoir toujours en vue, comme
nous l'avons chez nous, l'équilibre du budget de la France. Il
ne faut pas qu'on puisse reprocher à ceux qui à la Chambre représentent plus particulièrement le monde économique d'avoir
des idées ou des méthodes différentes suivant qu'il s'agit de
l'intérêt général ou de nos intérêts privés. Il faut encore moins
qu'on puisse nous accuser de n'avoir en vue que ces intérêts
privés. Voilà pourquoi, je le répète, je ne crois pas que cette
proposition de loi, non plus que toute autre d'ailleurs, tendant

vers le même but, c'est-à-dire la suppression de l'impôt sur le chiffre d'affaires, puisse être considérée comme constituant une initiative heureuse et pratique.

Je le crois d'autant moins que cette loi est déjà vivement combattue dans des milieux très différents des nôtres, je dirai même opposés aux nôtres, et où on lui reproche non plus ses difficultés d'application, les ennuis qu'elle cause au Commerce, mais bien le fait que l'impôt qu'elle a établi retombe finalement sur le consommateur. Ceux qui voudraient demander à l'impôt direct toutes les ressources du budget national voient dans la loi sur le chiffre d'affaires un impôt indirect, un impôt de consommation qu'ils supprimeraient volontiers pour le remplacer par un impôt pesant exclusivement sur le producteur ou sur le rentier. Et, à ce propos, laissez-moi vous lire, Messieurs, quelques passages du rapport que M. Henry Bérenger a déposé récemment au Sénat sur le projet de loi modifiant certaines dispositions de la taxe sur le chiffre d'affaires.

*(L'orateur donne lecture des passages empruntés
aux pages 2, 4, 5, 7, 8 et 9 du Rapport Bérenger)*

Messieurs, la proposition de loi de M. Victor Constant n'est pas une manifestation isolée du désir d'abolir la taxe sur le chiffre d'affaires telle qu'elle fonctionne. MM. Barthe et Félix ont proposé aussi sa suppression pour les redevables autres que les Sociétés qui établissent des bilans. Une autre tendance consiste à la remplacer par une taxe perçue non plus à chaque vente successive, mais une seule fois, à la production. C'est le Gouvernement qui a eu cette pensée, évidemment en vue de simplifier la tâche de l'Administration qui perçoit l'impôt et d'en assurer un meilleur rendement. Voici ce que dit de cette proposition M. Bérenger :

*(Lecture de passages extraits des pages 10, 11, 12, 13, 14 et 15
du Rapport Bérenger)*

Finalement, M. Bérenger revient tout simplement à la seule mesure qui lui paraisse opportune et pratique c'est-à-dire améliorer ce qui existe, tenir compte des critiques justifiées que le Commerce a formulées quant à l'application actuelle de la taxe, simplifier la perception par l'établissement du forfait là où il est possible, et rendre ainsi l'impôt à la fois moins gênant pour le contribuable et plus productif pour le Trésor.

LE PROJET RECTIFIÉ
ACTUELLEMENT SOUMIS AU SENAT

C'est sur ces données générales qu'est basé le projet rectifié actuellement pendant devant le Sénat. Il reprend, en les modifiant, les 15 articles du projet de loi qui avait été voté par la Chambre. Les mesures votées par la Chambre, en ce qui concerne le champ d'application de la loi, tendaient :

1° A accorder certaines exonérations aux ouvriers façonniers, mariniers, pêcheurs, petits artisans, aux établissements d'enseignement, aux sauniers ;

2° A déterminer, au point de vue de l'exigibilité de l'impôt, la situation des affaires conclues antérieurement au 1er juillet 1920, qui est la date de mise en application de la loi ;

3° Fixer les règles d'imposition des coopératives et groupements d'achats en commun.

Sur le premier point le Sénat a disjoint l'article premier du projet de loi de la Chambre et en a fait un projet spécial qu'il a voté le 6 juillet 1922. Il a ainsi exonéré de la taxe, conformément au vœu de la Défense du Commerce du 8 mars 1921, les façonniers, les pêcheurs et les sauniers qui ne sont pas passibles de l'impôt sur les bénéfices commerciaux car ils n'achètent pas pour revendre. Mais il reste à se prononcer sur les artisans : ceux-ci achetant pour revendre M. H. Bérenger décide qu'ils doivent payer la taxe. Il assujettit également au paiement de la taxe les marchands de biens immeubles que la Chambre avait exonérés, en particulier pour la raison que les ventes d'immeubles paient déjà la taxe d'enregistrement. M. Henri Bérenger estime que les deux taxes peuvent parfaitement coexister : il insiste sur ce point que l'impôt sur le chiffre d'affaires est un impôt de consommation qui doit être répercuté sur l'acheteur, alors que les droits de mutation constituent le paiement d'un service rendu par l'Etat, très chèrement vendu, sans doute, mais paiement n'ayant aucune analogie avec l'impôt. Ils ne font donc pas double emploi.

Par contre, M. Henri Bérenger propose d'exonérer de la taxe les courtiers en marchandises inscrits ou assermentés : il se base sur l'assimilation qui peut s'établir entre ces intermédiaires et les officiers publics, notaires, huissiers, etc... qui peuvent, comme eux, procéder aux ventes publiques, et dont

·les honoraires sont, comme les leurs, fixés par des décisions gouvernementales. L'exonération ne porterait que sur les courtages qu'ils perçoivent comme courtiers inscrits et non sur ceux qu'ils touchent comme courtiers libres. Quant aux courtiers libres ou non inscrits, M. Bérenger maintient pour eux la taxe sur le chiffre d'affaires, repoussant l'assimilation que M. le Sénateur Roustan voulait établir entre eux et les Représentants de commerce ou les employés salariés. Il estime que si on suivait M. Roustan il faudrait aussi exonérer tous les commerçants qui ne rendent que des services. En ce qui concerne les Etablissements d'enseignement, seuls sont passibles de la taxe ceux qui appartiennent à des Sociétés par actions, qui ont un caractère vraiment commercial, alors que les maîtres de pensions et chefs d'institutions ne sont pas considérés comme commerçants par la doctrine et la jurisprudence.

Quant aux coopératives, la Société pour la Défense du Commerce avait entièrement approuvé par le rapport de M. Emile Régis le projet de M. François Marsal. Le rapport de M. Henri Bérenger soumet à la taxe sur le chiffre d'affaires, calculé sur le montant effectif de leurs ventes, toutes les coopératives à l'exception de celles qui se bornent à grouper les commandes de leurs adhérents et de répartir les produits achetés d'après ces commandes. Celles-ci doivent, en effet, être considérées comme de simples intermédiaires. Elles paieront aussi la taxe, mais cette taxe ne portera que sur le montant des commissions prélevées. Les vœux unanimes du Commerce ont ainsi satisfaction.

Une question très importante était de savoir comment l'impôt sur le chiffre d'affaires devait être appliqué en ce qui concerne les affaires conclues avant le 1er juillet 1920, c'est-à-dire antérieurement à la mise en application de la loi. La loi étant muette sur ce point, le Gouvernement avait, par décret, exonéré de la taxe les affaires conclues avant cette date, à charge pour le contribuable de fournir les justifications nécessaires ; cette exonération ne s'appliquait pas aux articles dits de luxe. Se basant sur les termes mêmes d'un rapport de la Société pour la Défense du Commerce du 10 mai 1921, qu'il cite textuellement, M. Henri Bérenger accepte la formule votée par la Chambre et qui consiste à exonérer les affaires conclues avant le 1er juillet 1920 sous réserve que les marchandises aient été livrées avant le 1er avril 1921. Mais il réserve cette exonération aux affaires traitées sur des prix fermes, estimant que si le prix n'a pas été fixé le vendeur est en mesure de faire supporter à l'acheteur l'incidence de la taxe, et modifie dans ce sens le texte voté par la Chambre.

LA TAXE A L'IMPORTATION

Ce n'est pas ici, Messieurs, qu'il me faut rappeler les protestations multiples auxquelles a donné lieu la perception de la taxe à l'importation, tant dans son principe que dans son application.

L'article 72 de la loi du 25 juin 1920 n'atteignant pas le but visé qui était de protéger les importateurs établis en France, l'article 12 de la Loi de Finances du 31 juillet 1920, établissait des formalités compliquées et se révéla bientôt tout aussi inopérant. Le projet de loi actuel abroge ces dispositions et pour rétablir l'égalité entre le commerçant établi à l'étranger et l'importateur établi en France, il maintient pour tout le monde la taxe d'importation, mais exonère de la taxe de 1.10 % la revente faite par l'importateur à son client. Toutefois trois conditions restrictives sont posées : il faut pour que la taxe ne soit pas perçue :

1° Que les matières soient revendues dans l'état où elles ont été importées ;

2° Que la vente en soit faite par l'importateur lui-même, c'est-à-dire par celui qui en a pris livraison avant le passage des matières en douane ;

3° Qu'il s'agisse de produits végétaux, animaux ou minéraux pour lesquels le tarif des douanes prévoit la franchise, c'est-à-dire en somme toutes les matières premières.

Ainsi se trouvera tarie, dans des conditions que vous avez déjà approuvées, une source de difficultés que le Commerce a hâte de voir disparaître.

LA TAXE DE LUXE

Messieurs, ni la Chambre, ni le Sénat ne consentent à supprimer la taxe de luxe. Les deux Chambres ne méconnaissent pas ce que cet impôt a d'arbitraire et de vexatoire, mais il rend 10 millions et cette raison, par le temps qui court, est péremptoire. M. Henry Bérenger propose cependant au Sénat de modifier à la fois l'échelle des taxes et le mode de classement en ce qui concerne les hôtels, cafés, restaurants, etc..., La base qui servira à l'établissement des diverses catégories pour ces Etablissements sera le prix moyen pratiqué dans chacun d'eux. Ces prix moyens seront eux-mêmes arrêtés par une Commission spéciale dans la composition de laquelle M. Bérenger n'est d'ailleurs pas d'accord avec la Chambre pour donner la majorité aux éléments commerciaux. Quant aux catégories, elles seront, non plus au nombre de 3 (1,10 %, 3 % et 10 %), mais de 5 (1,10 %, 3, 5, 7, et 10 %). Il semble que ces dispositions constitueront une amélioration sérieuse en l'état de choses existant et qu'il faille en souhaiter la ratification par les Chambres.

LE MODE DE PERCEPTION DE LA TAXE
SUR LE CHIFFRE D'AFFAIRES
EXTENSION DU SYSTEME FORFAITAIRE

Reste la question du mode de perception de la taxe et plus spécialement de l'extension du système dit du forfait. Voici en définitive ce que M. Henri Bérenger propose au Sénat :

I. — Le régime du droit commun, c'est-à-dire le régime actuel, est maintenu pour tous les commerçants qui ne demanderont pas à être soumis à un autre régime. Les obligations inhérentes à ce régime ne varient pas. Elles s'établissent ainsi qu'il suit :

1° Nécessité d'une comptabilité régulière ou d'un livre spécial ;

2° Contrôle de l'Administration ;

3° Déclaration mensuelle ;

4° Paiement mensuel.

II. — Pour les redevables réalisant plus de 120.000 francs par an, le chiffre d'affaires, s'il s'agit de redevables dont le commerce principal est de vendre des marchandises à emporter ou à consommer sur place et de fournir le logement, ou plus de 30.000 francs par an, s'il s'agit d'autres professions, il sera établi — s'ils en font la demande — un mode de règlement mensuel basé provisoirement sur le chiffre d'affaires de l'année précédente. La facilité concédée consiste seulement à faire, une fois par an, avant le 31 mars, une déclaration faisant connaître le montant total du chiffre des affaires réalisées l'année précédente et à payer mensuellement, sans nouvelle

déclaration, un douzième de ce total. Ce versement par douzième a un caractère provisoire et le règlement définitif doit
intervenir avant le 1ᵉʳ mai.

III. — Tous les autres redevables, c'est-à-dire ceux réalisant
des chiffres d'affaires inférieurs aux chiffres ci-dessus (120.000
francs ou 30.000 francs par an, suivant le cas) pourront régler
également en se basant sur une déclaration annuelle, mais ils
auront la faculté supplémentaire de payer par trimestre et non
plus par mois.

IV. — Enfin voici comment serait établi, d'après le projet de
M. H. Bérenger, le régime du forfait.

Dans les communes de moins de 5.000 habitants, non limi-
trophes d'une commune ayant une population supérieure à ce
chiffre, mais dans ces communes seulement (j'insiste sur ce
point), les agents de l'Administration arbitreront, d'accord
avec le redevable, le chiffre d'affaires réalisé par ce dernier
l'année précédente et l'impôt calculé sur cette base sera payé
par fractions trimestrielles égales. En cas de désaccord, le
montant du chiffre d'affaires imposable sera définitivement
fixé par une Commission administrative composée du directeur de l'Administration compétente, d'un contrôleur des Con-
tributions Directes et de deux membres désignés par la Chambre de Commerce. Les redevables sont alors dispensés de toutes autres formalités ou obligations et n'ont, en particulier, à
tenir ou à produire aucun livre ni relevé. Ce régime est d'ailleurs facultatif et les redevables qui le préfèreront pourront
rester sous l'empire du droit commun. Enfin, peuvent seuls bé-
néficier de ce régime les redevables dont le chiffre d'affaires
ne dépasse pas 48.000 francs ou 12.000 francs.

Messieurs, ce qui caractérise cette disposition, c'est qu'elle
est réservée à de très petits commerçants établis dans les petites villes seulement. Une telle limitation est tout à fait inad-
missible, à mon avis. M. Henri Bérenger semble avoir perdu
de vue que le régime du forfait ou plutôt que l'extension de ce
régime a été réclamée de toutes parts, au moins autant dans
l'intérêt du Trésor que dans celui des contribuables. Je n'hé-
site même pas à dire que c'est surtout le Trésor qui profitera
de cette extension, car actuellement, faute d'un système pratique de contrôle, le fisc ne perçoit guère, chez une foule de
petits commerçants qui ne peuvent pas tenir de livres ni de

relevés, que ce que ceux-ci veulent bien déclarer. Ceci posé, on ne voit vraiment pas pourquoi le système du forfait ne jouerait que dans les villes ou communes de moins de 5.000 habitants, laissant subsister le régime actuel avec tous ses inconvénients, pour tous les petits commerçants des grandes villes ou même des villes moyennes. L'unique argument qu'invoque à l'appui de cette distinction M. Henri Bérenger est que « dans les villes, « des personnes peuvent, sous des apparences très modestes et « sans éveiller l'attention, exercer des professions extrêmement « lucratives. L'Administration se trouve, pour elles, impuis- « sante à déterminer, même approximativement, le montant « de leur chiffre d'affaires, alors que dans les campagnes elle « possède des renseignements suffisants pour discuter et arrê- « ter le chiffre du forfait ». En vérité, une raison de cet ordre, même si elle est fondée, suffirait-elle pour justifier la dualité que M. H. Bérenger veut instituer ? Est-il admissible que dans un chef-lieu de canton, un coiffeur, par exemple, paie à forfait sa taxe sur un chiffre arrêté d'un commun accord avec l'Administration, alors que dans la sous-préfecture un autre aura l'obligation de tenir son relevé mensuel ? Est-ce que le coiffeur de la petite commune où la vie est moins active, n'a pas, au contraire, plus de facilité et de temps pour tenir ses comptes ? Mais en même temps, et je dirai, est-ce que *surtout*, ce n'est pas maintenir un système qui a fait la preuve de son inefficacité au point de vue de la perception ? Je veux croire, Messieurs, que ces raisons qui ont échappé jusqu'ici à M. H. Bérenger apparaîtront au cours de la discussion au Sénat et que le forfait recevra l'application étendue qui s'impose dans l'intérêt du Trésor aussi bien que dans celui des contribuables.

MESURES DIVERSES

J'en arrive, Messieurs, à une série de mesures moins importantes, mais qui ont aussi leur intérêt. D'abord l'exonération de la taxe d'importation sera, d'après le projet remanié par M. Henri Bérenger, accordée aux produits agricoles provenant de l'Algérie ou des Colonies, mais à la condition qu'il y ait vente directe du producteur au consommateur : cette restriction est nécessaire pour maintenir l'équilibre entre producteurs, métropolitains et coloniaux, car en France c'est seulement la vente de l'agriculteur qui est exemptée de l'impôt de 1,10 %.

Autre chose : une maison établie à l'étranger achetant des

marchandises en France et donnant à son vendeur l'ordre de les livrer à un acheteur résidant également en France, deux opérations avaient lieu dont l'une pouvait échapper à la taxe sur le chiffre d'affaires. Pour y remédier, l'article 72 de la loi actuelle impose au vendeur français d'une marchandise à une maison non établie en France l'obligation de payer une double taxe. Mais ce vendeur peut souvent se retrancher derrière le fait qu'il n'a pas livré la marchandise à un acheteur, et qu'il s'est borné à la remettre, par exemple, au chemin de fer pour une destination indiquée par l'acheteur étranger. Cette manœuvre sera déjouée désormais, car c'est l'acheteur français à la maison étrangère qui sera tenu du paiement de la taxe. On saura donc que, quand on achète en France une marchandise qui vous est livrée sur l'ordre d'une maison étrangère, on a à acquitter la taxe que cette maison n'aura pas payée.

Voici encore une autre question heureusement mise au point : il s'agit des affaires d'exportation. Vous savez que quand un industriel vend son produit à un négociant commissionnaire qui l'exporte, on se demande quel est celui des deux qui est exonéré de la taxe sur le chiffre d'affaires. L'industriel surtout quand il livre à quai ou franco bord estime que c'est lui qui exporte : le commissionnaire le conteste. De toute manière et quel que soit celui des deux qui est taxé, la perception vient grever en somme une opération d'exportation, ce qui est nettement contraire au vœu du législateur. Pour éviter le retour de ces inconvénients, seront désormais exonérées les ventes faites à un commissionnaire quand celui-ci aura exporté les marchandises dans un délai fixé par arrêté ministériel, ou quand l'exportation aura lieu sur l'ordre de ce commissionnaire. Telles sont, Messieurs, brièvement résumées, les modifications proposées au Sénat à la taxe sur le chiffre d'affaires. Elles ne feront pas de cet impôt un impôt agréable : il n'y a pas d'impôt agréable, mais elles permettront de le mieux supporter.

L'EVALUATION FISCALE
DES BENEFICES COMMERCIAUX DES ENTREPRISES

C'est dans le même esprit de simplification et aussi en vue d'obtenir une perception mieux en rapport avec les véritables bénéfices que M. Henri Le Mire estime que l'on ne saurait légitimement tenir pour bénéfices réels d'une entreprise les bénéfices des années qui en produisent, si, d'autre part, on ne tient

pas compte des exercices déficitaires. C'est pourquoi, estimant
que les bénéfices sont, en réalité, la moyenne des résultats d'un
certain nombre d'années, c'est sur une moyenne que doit être
basé le calcul de l'impôt cédulaire. Il semble, dit-il, qu'une période de cinq années soit une période suffisamment longue,
sans l'être trop, pour le calcul de l'assiette de l'impôt sur les
bénéfices industriels et commerciaux. L'impôt serait dons établi
au cinquième des résultats obtenus pendant les cinq années ou
exercices qui ont précédé l'année d'imposition. Quand une
entreprise aura fonctionné moins de cinq années on prendra
la moyenne des résultats de cette période. M. Le Mire demande
d'ailleurs, une simple faculté pour le contribuable de réclamer
ce mode de taxation, chacun restant libre, bien entendu, d'op-
ter, s'il le préfère, pour le maintien du régime actuel. Seulement, celui qui aura demandé le bénéfice du système proposé
devra rester durant cinq ans sous l'empire de ce système.

La proposition de loi de M. Le Mire me paraît une amélioration fort intéressante. Elle est actuellement soumise à la Commission des Finances de la Chambre.

LA RESTAURATION DES FINANCES DE LA FRANCE

Messieurs, le vote de lois fiscales telles qu'elles n'écrasent pas
le Commerce et l'Industrie n'est pas l'unique objet de notre
constante inquiétude. Nous avons, comme je le disais tout à
l'heure, le devoir de penser à la restauration de nos finances
parce que, après tout, il est difficile d'imaginer que dans un
pays où la situation financière de l'Etat serait mauvaise, les
affaires puissent être tout à fait prospères. Cependant je ne puis
me dispenser de vous signaler, à ce propos, les déclarations
qu'a faites récemment, à la Tribune de la Chambre des Députés, M. Dior, Ministre du Commerce. Je fais naturellement la
part de l'optimisme qu'est obligé d'afficher un membre du
Gouvernement, car il serait vraiment difficile de dire que tout
va mal, quand, étant au pouvoir, on peut avoir sa part de res-
ponsabilité dans la situation. Mais, ceci dit, j'estime comme
M. Dior que la situation économique de la France est beaucoup
meilleure qu'on ne le croit dans le public. Nous avons des difficultés, nous sommes accablés d'impôts et surtout tracassés par
les impôts, mais si tout cela nous donne parfois le droit d'être
de mauvaise humeur, il ne faut pas cependant que nous fer-
mions les yeux à la vérité et que nous cédions à la tendance si

française qui consiste à toujours critiquer. M. Dior disait l'autre jour ceci : une bonne maison de Commerce peut avoir des difficultés financières, et traverser des phases pénibles ; mais quand la maison est vieille et solide ,il y a de grandes chances pour qu'elle franchisse cette phase difficile et retrouve sa prospérité. Par contre, une affaire mal équilibrée, mal conçue, aura beau jouir d'une prospérité passagère, elle restera faible, exposée aux aléas et au risque de disparaître. M. Dior disait : « la France est une vieille et solide maison de Commerce : elle sortira victorieuse de l'épreuve qu'elle traverse actuellement ». Et pour appuyer son dire, M. Dior faisait une rapide analyse des chiffres fournis par la Douane pour le Commerce extérieur des neuf premiers mois de 1922 et il constatait :

1° Qu'en ce qui concerne les objets fabriqués nos exportations dépassent de 6.900.000.000 nos importations.

' 2° Qu'en 1913 l'excédent des importations sur les exportations de matières premières était de 14.672.000 tonnes ; qu'en 1922 il est de 18.770.000 tonnes mais ce chiffre comprend 4.000.000 de tonnes de houille qui représentent en partie le déficit de nos mines du Nord dévastées, ce qui signifie que, si ces mines étaient en activité, nous n'aurions pas importé plus qu'en 1913. D'ailleurs l'importation de matières premières est un indice favorable d'activité industrielle ;

3° Qu'enfin pour les objets d'alimentation, nous en avons importé 2.940.000 tonnes, soit 27.000 tonnes de moins qu'en 1913.

LES ACCORDS COMMERCIAUX INTERNATIONAUX.

Ces observations permettent, en effet, Messieurs, de dire que nos échanges avec les nations étrangères sont actuellement balancés dans un sens tout à fait satisfaisant puisqu'ils marquent une amélioration notable sur 1913. Nous pourrions mieux faire encore si nous jouissions des avantages que nous attendons d'accords commerciaux bien étudiés avec les divers pays de l'Europe reconstituée. La discussion de ces accords est un travail ardu et compliqué, nécessitant autant d'habileté que de compétence chez ceux qui en sont chargés. Beaucoup d'entre vous, Messieurs, ont pu entendre dans cette salle même, au cours d'une séance de la 5e Section du Congrès des Conseillers du Commerce Extérieur, un exposé absolument remarquable fait sur cette question par M. Serruys, Directeur du Service des accords commerciaux au Ministère du Commerce. M. Serruys, à qui incombe la très lourde charge de la préparation des accords commerciaux et des tractations auxquelles ils donnent lieu, vous a montré la variété des conditions que doivent remplir ces ententes et la souplesse que nous devons chercher à leur donner pour que, dans chaque pays, nous obtenions les conditions les mieux adaptées à notre trafic, minimum d'obstacles à l'admission des produits que nous exportons vers ce pays, maximum de protection pour nos industries, il faut que le tout soit harmonieusement combiné de telle sorte que chaque pays y trouve son avantage, car les accords dans lesquels on « roule » son partenaire, permettez-moi l'expression, ne sont pas de bons accords et ne sauraient guère durer.

POUVOIRS EXCEPTIONNELS DU GOUVERNEMENT
EN MATIERE DOUANIERE
LES ABUS DE CE REGIME

Mais je voudrais, en terminant, vous rappeler que les mesures douanières qui entravent nos échanges avec l'étranger ne sont pas toujours, c'est triste à dire, édictées par les pays étrangers. Il en est encore, à l'heure où je vous parle, qui résultent de l'initiative de notre propre Gouvernement, dans lequel certains Ministères abusent, d'une façon évidente, de certaines facultés qui leur sont données par la loi. Je veux parler des interdictions de sortie, tantôt décidées à l'improviste, tantôt supprimées en tout ou partie, ou remplacées par des droits de sortie plus ou moins prohibitifs qui constituent le régime le plus instable et le plus arbitraire qu'on puisse imaginer. Ce régime, absolument intolérable, est dû à l'usage, je le répète, absolument abusif que l'on fait d'une loi du 17 décembre 1814. Cette loi, faite dans des circonstances que sa date définit suffisamment, établissait que le Gouvernement peut, dans les cas urgents, interdire ou limiter la sortie des denrées du territoire français par un simple décret, mais à la condition que ce décret soit ratifié dans un délai très bref par une loi régulièrement votée. Ainsi donc, Messieurs, voilà une loi évidemment faite pour donner au Gouvernement un pouvoir tout à fait exceptionnel, dont il ne devra user qu'avec la plus grande prudence ; et cela seulement alors que le Pays se trouvera traverser une période particulièrement grave : guerre, famine, etc... car, ne l'oublions pas, Messieurs, elle remonte à une époque où la famine était un fléau qu'on pouvait à bon droit redouter, à l'époque de la marine à voile, avant l'invention des chemins de fer. Elle constituait dans la main du Gouvernement une arme dont il fallait le munir pour prendre une mesure dont dépendait la vie de la population. Or, à l'heure actuelle, cette loi est devenu un moyen commode de favoriser certains consommateurs aux dépens de certains producteurs en arrêtant ou en restreignant l'exportation de certains produits. Marseille a souffert et risque de souffrir encore de cet abus dans son industrie de l'huilerie, qui voit à tout propos discuter et remettre en cause le droit d'exporter ses tourteaux. A chaque instant, le Ministère de l'Agriculture, sur la réclamation de quelques Syndicats agricoles, prend sa plume et prépare un décret, et sous la menace de cet ukase obtient des industriels, au profit de l'Agriculture, des prix qui n'ont rien de commun avec ceux du marché. Les huiliers français ne sont pas les seuls en butte à ces mesures inadmissibles. Croiriez-vous, Messieurs, qu'à la fin de 1922, quatre ans après l'armistice, on en est encore à entraver l'exportation des poulardes de Bresse, sous prétexte qu'il faut veiller au ravitaillement du pays. Mais, me direz-vous, les décrets ainsi rendus doivent être ratifiés par le Parlement, pourquoi celui-ci les approuve-t-il ? Messieurs, c'est très simple ; il ne les approuve pas, mais le décret a joué et on est devant le fait accompli. Je reprends, si vous le voulez bien, précisément l'exemple des volailles mortes. Le 5 août 1921, le Ministre de l'Agriculture fait signer un décret fixant un droit de sortie de 200 francs par 100 kilos sur cette denrée. Le décret entre en application. Le 25 octobre 1921, le Gouvernement dépose un projet de loi ratifiant ce décret. Il est renvoyé à la Commission des Douanes. La Commission des Douanes, sur mon rapport, décide qu'il n'y a pas lieu d'imposer un droit à la sortie des volailles et donne un avis défavorable. Que croiriez-vous que fait le Gouvernement ? Il fait un autre décret le 22 février 1922, décret par lequel il abaisse le droit de sortie à 50 francs par 100 kilos. Le 26 juin, il dépose un nouveau projet de loi portant ratification de ce second décret. A son tour, ce projet est renvoyé à la Commission des Douanes : celle-ci, pour la seconde fois, donne un avis défavorable et pour les mêmes raisons qu'un an auparavant. Le Gouvernement va-t-il faire un troisième décret ? Je n'en sais rien. Ce que je sais c'est que la loi est visiblement violée. En effet, depuis le 5 août 1921, la douane perçoit à la sortie des volailles mortes un droit de sortie qui aurait dû avoir l'approbation du Parlement et qui ne l'a pas eue. Les intéressés qui ont été contraints de payer ces droits sont parfaitement fondés à réclamer. Mais, en attendant, la concurrence étrangère, favorisée indirectement par ces mesures qui grèvent la production française, fait à celle-ci le plus grand tort. Voilà les conséquences de l'extension donnée à l'usage d'une loi qui, je le répète, était faite pour jouer seulement quand le salut de la Nation était en jeu.

Messieurs, j'ai l'intention de déposer prochainement une proposition de loi modifiant la loi de 1814 et restreignant, pour le Gouvernement, le droit d'en faire usage. Je crois que ce sera chose utile. C'est la seule façon d'en finir.

CONCLUSIONS

Mais quoi que nous puissions faire dans l'ordre législatif, il faut, Messieurs, nous bien persuader tous que tout ce que nous pourrons obtenir dans cet ordre d'idée, n'a qu'un caractère négatif. La meilleure loi fiscale, la meilleure loi douanière n'est pas une bonne loi, c'est seulement la moins mauvaise. Les impôts quoi qu'on fasse, si sagement qu'ils puissent être aménagés sont toujours des charges, et notre effort ne peut aboutir, s'il aboutit, qu'à les rendre aussi supportables qu'on peut l'espérer. Les tarifs douaniers seront toujours des obstacles et là encore nous ne pouvons tendre qu'à les voir entraver le moins possible nos transactions, qu'il s'agisse de la concurrence que viennent faire chez nous les produits étrangers, ou des débouchés que nous cherchons à l'extérieur pour les nôtres. Tout cela, encore une fois, c'est de la besogne négative. C'est, au contraire, de vous, Messieurs, que peut sortir l'effort positif et créateur. C'est de votre initiative, de votre travail, de votre ingéniosité que dépend l'action productrice et réalisatrice. C'est pourquoi je vous dis, en terminant, que c'est sur vous-mêmes qu'il faut compter d'abord et que ceux qui, comme moi, tâchent de vous aider ne peuvent, quelle que soit leur bonne volonté, vous apporter qu'un concours bien mince, trop souvent inefficace, mais qui vous est, soyez-en assurés, toujours et complètement acquis. *(Applaudissements prolongés.)*

Marseille. — Imprimerie du *Sémaphore*. BARLATIER, rue Ste. 1919.